A ORAÇÃO DO "PAI NOSSO"

Pai nosso, que estás nos céus,
santificado seja o teu nome;

venha o teu reino,
faça-se a tua vontade,
assim na terra como no céu;
o pão nosso de cada dia dá-nos hoje;
e perdoa-nos as nossas dívidas, assim como nós
temos perdoado aos nossos devedores;
e não nos deixes cair em tentação;
 mas livra-nos do mal
[pois teu é o reino, o poder e a glória
para sempre. Amém].

Mateus 6:9-13 R.A (Leia esta oração todas as noites e logo você a memorizará!)

Posso Falar com Deus

Escrito e ilustrado por
Debby Anderson

Queridos leitores adultos,

Deus quer ter um relacionamento pessoal e contínuo conosco. Ao ler este livro e os textos bíblicos (veja as citações), ore para que você e seus queridos desenvolvam uma atitude de constante comunicação com o nosso Salvador — vivendo conscientemente cada momento, com a percepção da presença divina em nossa vida.

Com orações,
Debby Anderson

I Can Talk With God

Text and illustrations copyright © 2003 by Debby Anderson
Published by Crossway Books
 a publishing ministry of Good News Publishers
 Wheaton, Illinois 60187, U.S.A.
 www.crossway.org

This edition published by arrangement
with Good News Publishers.
All rights reserved.

© 2011 Publicações Pão Diário
Tradução: Rita Rosário
Revisão: Denise Carón Lopes
Adaptação gráfica e diagramação: Audrey Novac Ribeiro
Ilustrações: Debby Anderson

Proibida a reprodução total ou parcial, sem prévia autorização, por escrito, da editora.
Permissão para reprodução: permissao@paodiario.org
Todos os direitos reservados e protegidos pela Lei n.º 9.610, de 19/02/1998.
Exceto se indicado o contrário, as citações bíblicas foram extraídas da Nova Tradução na Linguagem de Hoje
© 2000 Sociedade Bíblica do Brasil.

Publicações Pão Diário
Caixa Postal 4190, 82501-970, Curitiba/PR, Brasil
publicacoes@paodiario.org
www.publicacoespaodiario.com.br
Telefone: (41) 3257-4028

Código: RR979 • ISBN: 978-1-60485-118-2

1.ª edição: 2011 • 5.ª impressão: 2022

Impresso na China

Para as famílias da nossa igreja que oraram por nós durante os 23 anos de ministério missionário e por todos os meus leitores, oro para que suas raízes e troncos estejam "arraigados e alicerçados em amor".

Efésios 3:17 ARA

Abelhas para... zumbir...

Tigres para... rugir...

E pessoas para... falar!

Ele fez as pessoas para falar... especialmente com Ele!

Orar é falar com Deus. Falar com Deus é o mesmo que orar. Oramos e conversamos muitas vezes com Deus: ajoelhados ao lado das nossas camas, na igreja, ou antes de comer.

1 Tessalonicenses 5:17

Deus quer que falemos com Ele em qualquer lugar!

Podemos falar com Deus no pomar...

Podemos falar com Deus quando estamos quietinhos...

ou quando estamos agitados! "Obrigado Deus pelas abóboras, maçãs e pelas folhas que caem!"

1 Tessalonicenses 5:18

Posso falar com Deus no parque, com os meus olhos fechados ou abertos! Posso falar com Deus sobre as coisas ruins que faço porque Ele prometeu me perdoar! "Deus, me arrependo pelo nome feio que disse ao meu amigo. Por favor, ajuda-me a dizer palavras amáveis."

1 João 1:9

Posso falar com Deus no quartel dos bombeiros! Sempre que escuto uma sirene, eu oro: "Querido Deus, por favor, proteja os bombeiros e policiais." Os semáforos até me ajudam a lembrar como Deus responde às nossas orações. Às vezes, Ele responde SIM como a luz verde, que nos indica *avançar*. Algumas vezes Ele responde

NÃO como a luz vermelha, que indica *parar*. Mas muitas vezes, Ele responde ESPERE como a luz amarela, que indica diminuir a velocidade e *esperar*. Da mesma forma, quando você pede algo a Deus, Ele pode dizer SIM... NÃO... ou ESPERE...

Salmo 27:14

Deus gosta quando nós conversamos com Ele, e quer ser o nosso melhor amigo e também o nosso Salvador. A oração mais importante que podemos fazer é pedir para Jesus nos livrar de todo pecado e maldade. Você já fez isto? Se ainda não o fez, talvez, este seja o melhor momento. Esta oração pode ajudá-lo a saber o que dizer.

Querido Senhor Jesus,

Obrigado por morrer na cruz pelo meu pecado.
Obrigado por ressuscitar e viver de novo.
Por favor, perdoa-me e sejas para sempre o meu Salvador, meu Ajudador e meu Amigo. Amém.

Atos 16:31

Deus também pode falar conosco! Uma das melhores maneiras que Ele fala com cada um de nós é através da Bíblia. Por essa razão é bom ler um pouquinho a cada dia. "Deus, eu gosto de ler minha Bíblia quando estou no meu esconderijo!"

Salmo 119:105

A Bíblia ensina que Deus quer que oremos pelos outros...

...por nossos líderes e nosso país...

...por nossos vizinhos e pelos bebês...

...pelo motor do carro do papai...

...pelos vovôs e pelas vovós...

...pela febre do amiguinho...

...e pelos filhos dos missionários que estão brincando com seus novos amiguinhos.

Há milhares de motivos para orar, e, Deus promete ouvir cada palavra e ajudar-nos sempre.

Efésios 6:18; Salmo 4:3

Deus também quer que oremos pelos nossos problemas e preocupações... aventuras e surpresas...

...ao encontrar uma concha na areia do mar...

...ao perder um jogo...

...ao vencer uma competição...

...ao ajudar nos afazeres...

...ao fazer deveres da escola...

...e até quando andamos de barco! "Deus, por favor, ajuda-nos a lembrar dos nossos coletes salva-vidas!"

Deus é maravilhoso e faz muitas maravilhas. Deus quer ouvir a nossa gratidão... em voz alta... em voz baixa... bem baixinho...

só no pensamento... no zoológico! "Jesus, eu realmente gosto dos animais que o Senhor fez, especialmente das girafas."

Talvez um dia eu possa conversar com Deus, enquanto estiver brincando com um urso panda na China... ou quem sabe com um coala na Austrália!

Talvez um dia eu possa conversar com Deus, enquanto estiver pescando na Nigéria...

ou explorando no México!

Talvez um dia eu possa conversar com Deus, enquanto estiver me divertindo com os pinguins no gelo...

...ou enquanto eu estiver saboreando as delícias de Paris!

Talvez um dia eu possa conversar com Deus, enquanto estiver andando na lua!

Mas por enquanto, falo aqui mesmo, onde estou agora! "Obrigado, Deus, porque eu posso falar contigo em todos os lugares!"

Não se preocupem com nada... mas em todas as orações peçam a Deus o que vocês precisam e orem sempre com o coração agradecido.

Filipenses 4:6

Pai nosso, que estás nos céus,

santificado seja o teu nome;

venha o teu reino,

faça-se a tua vontade,

assim na terra como no céu;

o pão nosso de cada dia dá-nos hoje;

e perdoa-nos as nossas dívidas, assim como nós

temos perdoado aos nossos devedores;

e não nos deixes cair em tentação;

 mas livra-nos do mal

[pois teu é o reino, o poder e a glória

para sempre. Amém].

 Mateus 6:9-13 ARA (Leia esta oração todas as noites e logo você a memorizará!)